Luzides Träumen Klarträumen meistern

Erlangen Sie die Macht über Ihre Träume
von Damian Heller

Vorwort

Vielen Dank lieber Leser/liebe Leserin, für den Erwerb dieses Buches. Ich bin erfreut, dass Sie sich für den Kauf dieses Buches entschieden haben und hoffe, dass es Ihren Erwartungen entspricht.

In dem von Ihnen erworbenen Buch werden Sie lernen, was genau ein luzider Traum ist und wie Sie ihn am besten für sich nutzen können. Außerdem werde ich Ihnen zeigen, wie sie einen luziden Traum während Ihres normalen Alltags am besten vorbereiten können und mit welchen Hilfsmitteln es Ihnen vereinfacht wird, Ihre eigenen Träume zu kontrollieren. Selbstverständlich wird das Hauptaugenmerk dabei natürlich auf das Erlernen der Fähigkeit des luziden Träumens gelegt. Sie werden lernen wie es sich anfühlt, die Macht über Ihr Unterbewusstsein zu erlangen während Sie schlafen und Sie werden wissen was sie tun können, um Ihre Träume auch im realen Leben erfolgreich zu nutzen.

Ich selbst habe bisher sehr gute Erfahrungen mit dem luziden Träumen gemacht. Ich hörte auf einer Videoplattform, dass es möglich sein, die eigenen Träume zu kontrollieren und fing an, mich näher damit zu beschäftigen. Viele Videos hatte ich anschauen müssen, viele Artikel lesen, um mir genug Wissen anzueignen bis ich meinen ersten luziden Traum haben konnte. Damals wünschte ich mir, es gebe einen kleinen, aber dennoch sehr informativen Ratgeber zu diesem Thema. Ich konnte damals keinen finden, denn dieses Thema war bis dato noch nicht so sehr bekannt wie es das heute ist. Also entschied ich mich, eines Tages einen Ratgeber zu schreiben den ich gern gekauft hätte, um mir das nötige Wissen anzueignen, was ich für einen luziden Traum benötigte.

Hier ist er lieber Leser, liebe Leserin. Ich wünsche Ihnen viel Spaß beim Lesen sowie viel Glück beim Ausprobieren der im Buch aufgeführten Methoden des luziden Träumens und seinen unendlichen Möglichkeiten der Gestaltung.

Sie werden nicht nur in der Lage sein, Ihre Fähigkeit Träume zu kontrollieren deutlich zu verbessern, sondern auch am helllichten Tag eine bessere Performance zu liefern. Allein das sollte schon Argument genug sein, Ihre Träume ein für alle Mal zu meistern und positiv für sich arbeiten zu lassen.

Nach der Lektüre dieses Buches sowie etwas Praxiserfahrung werden Sie in der Lage sein, sich, Ihre Träume sowie Ihr Unterbewusstsein besser zu verstehen und noch effektiver zu nutzen.

Inhaltsverzeichnis

Inhaltsverzeichnis

Inhaltsverzeichnis

Kapitel 1- Eine Einleitung zum luziden Träumen

Ein luzider Traum, auch Klartraum genannt, ist ein Traum, bei welchem dem Träumenden bewusst ist, dass er träumt. Neben dieser Vergegenwärtigung des Traumes, hat der Träumer, zumindest teilweise, Einfluss auf die vorkommenden Charaktere, die Handlung und seine Traumumgebung. Jeder von uns hat in seinem Leben schon Klarträume gehabt, nur erinnert man sich nicht unbedingt daran.

Der niederländische Schriftsteller und Therapeut Frederik von Eeden beschrieb das Phänomen erstmals im Jahre 1913 in einem Artikel zum Thema "Eine Studie über Träume". Selbstverständlich gab es auch schon vorher Klarträume, doch dies war die erste modern, wissenschaftliche Auseinandersetzung damit. Schon die alten Griechen kannten Klarträume und haben ihre Beobachtungen dazu niedergeschrieben. Aristoteles schreibt: "Wenn man einschläft, ist es manchmal so, als ob einem eine Stimme sagen würde: Das ist alles nur rein Träum". Manch ein Therapeut nutzt Klarträume als Behandlungsmethode. Doch diese Idee ist nicht neu: St. Augustin von Hippo beschrieb das Vorgehen und die Geschichte des Träumers Doktor Gennadius schon im Jahre 415.

Bemerken kann man Klarträume als Außenstehender daran, dass der Träumende seine Augen unter seinen Augenlidern sehr schnell hin und her bewegt, da dieser sich in der REM – Phase (Rapid Eye Movement - dt. sinngemäß: schnelles

7

Augenrollen) befindet. Dazu aber erst später mehr. Seit den 1970er Jahren wurden vor allem die Muster und Abläufe typischer Klarträume beobachtet. Insbesondere La Berge hebt sich mit seiner Hypothese über die Klarträume hervor. All dies verhalf dem Klartraum zu dem nötigen Stellenwert, sodass die Thematik als anerkanntes Forschungsfeld an zahlreichen medizinischen Fakultäten gelehrt wird.

Dieses Buch zeigt Ihnen die wissenschaftlichen Zusammenhänge zwischen dem Klarträumen und der menschlichen Psyche. Sie werden wissen, was man unter "luziden Träumen" versteht und wie diese unser Leben beeinflussen. Mehr als man denkt, beeinflussen diese Träume auch unseren Alltag – und können somit als Werkzeug genutzt werden, z.B. um die eigenen Gewohnheiten gezielt zu ändern. Am Ende des Buches sollten Sie in der Lage sein, Ihre eigenen luziden Träume durchzuführen, nach etwas praktischer Erfahrung versteht sich. Also, auf eine frohe Lektüre!

Kapitel 2 - Was genau ist luzides Träumen?

Unter luzidem Träumen verstehen wir die Fähigkeit, uns eines Traumes während des Träumens bewusst zu werden und ihn (in Maßen) gezielt zu steuern. Dies geschieht dadurch, dass das Gehirn innerhalb des Traumes auf "Wach" umstellt und damit unser Bewusstsein aktiviert, welches normalerweise die meiste Zeit im Schlaf ruht. Dadurch fühlt sich ein normaler Traum, sofern man sich an ihn erinnert, wie eine nebulöse, ungenaue und surreale Erinnerung an. Ganz im Gegensatz dazu, ist bei einem Klartraum das Bewusstsein auf einem viel höheren Level aktiv und somit alles deutlich, akzentuierter und klarer. Das ist selbstverständlich keine Krankheit oder eine Fehlkonstruktion – es kommt einfach schlicht und ergreifend vor, dass sich das Bewusstsein (voll) aktiviert, während der Rest des Körpers im Schlafmodus verbleibt. Es ist ein natürlicher Bestandteil unserer menschlichen Existenz.

Wie man Klarträume für sich nutzen kann

Grundsätzlich kann ein Klarträumer in solch einem Traume alle Wünsche ausleben und somit einfach Spaß haben. Viele luzide Träumer nutzen den Traum, um einfach durch die Gegend zu fliegen, im Swimmingpool vor der Villa abzuhängen oder hemmungslos Sexfantasien auszuleben. Da durch das aktive Bewusstsein der Traum sehr klar und deutlich wirkt, fühlt sich das Erlebte wirklich "echt" an. Wenn Sie schon mal morgens aufgewacht sind mit einem Lächeln auf den Lippen und sich noch vage an einen tollen Traum erinnern können, dann haben Sie sowas in abgeschwächter Form gerade erlebt (lassen wir uns nicht täuschen, denn auch Klarträume vergisst man oft sehr schnell nach dem Aufwachen, wie "normale" Träume). Mancher nutzt diese Klarträume auch, um gewisse Situationen oder Szenarien durchzuspielen – wenn Sie so wollen, wird im Schlaf z.B. ein Bewerbungsgespräch "durchtrainiert" oder man bringt sich jonglieren bei.

Antizipieren trainieren:

Klarträume sind ein gutes Beispiel für Symbolik – sie zeigen einem auf, was einen wirklich beschäftigt. Außerdem helfen sie dabei, den Herausforderungen des Alltags mit Mut entgegenzutreten – indem man die Situation im Traum schon mal durchspielt. Dadurch stärkt man das eigene Vorstellungsvermögen und die Fähigkeit Situationen vorab durchzudenken. Man kann sich somit vorbereiten und ein bestimmtes Ergebnis erwarten, kurz: antizipieren.

Problemlösung:

Die Vorstellungskraft in Träumen ist unglaublich. Während der REM-Schlafphase ist unser Gehirn sehr aktiv und wird nicht von äußeren Einflüssen vom Traum abgelenkt. So kann es sich voll und ganz auf die Erlebnisse des Tages und deren Verarbeitung konzentrieren. Wird man sich eines Klartraumes bewusst und beschäftigt sich schon die ganze Zeit tagsüber mit einer großen Herausforderung, kann man so zusätzliche Zeit in das Durchdenken und Nachdenken von möglichen Lösungen dafür gewinnen – ohne Ablenkungen, ohne produktive Wachzeit "vergeuden" zu müssen. Es ist wie zusätzlich "geschenkte" Arbeitszeit: Nur das man diese nicht für Andere, sondern für sich Selbst und seine eigenen Ziele zur Verfügung gestellt bekommt. Ist das nicht toll? Die meisten Menschen wünschen sich, dass der Tag mehr Stunden hat. Er wird zwar nie mehr als 24 Stunden haben, jedoch können Sie anstatt nur in Ihrer Wachphase zu arbeiten nun auch während des Schlafens produktiv sein.

Alpträume bekämpfen:

Alpträume haben wohl jeden schon mal in einer sehr schwierigen Phase seines Lebens geplagt. Gerade traumatische Ereignisse oder Ängste können sich in ständigen, schlechten Träumen manifestieren. Klarträume sind hier eine gute Möglichkeit dagegen anzugehen, denn sollte Ihnen in einer Traumsituation bewusst werden, dass Sie träumen, können Sie aktiv eingreifen. Damit verliert die ganze Situation ihren Schrecken. Schließlich kann man den Traum ab diesem Zeitpunkt aktiv beeinflussen und dessen Wirkung deutlich abschwächen. Alpträume sind nur solange unangenehm, wie man ihnen schutzlos ausgeliefert ist. Dank luziden Träumens kann man diesem Schrecken Schritt für Schritt den Zahn ziehen.

Autosuggestion und Heilung:

"Denken Sie nicht an einen rosa Elefanten" ist ein suggestives Beispiel, bei dem es dem Leser bzw. Zuhörer schwerfallen wird, nicht an einen rosa Elefanten zu denken.

Übertragen auf Klarträume, kann zum Beispiel die geistige Vorstellung, dass man z.B. die Krankheit, den Unfall oder die Verletzung gut überstehen wird, den Heilungsprozess beschleunigen. Somit stellt das luzide Träumen ein weiteres Mittel im Arsenal der Autosuggestion dar, welches die eigenen Ziele unterstützen kann. Wer beispielsweise nachts bewusst davon träumt, dass er die Knieverletzung gut übersteht und danach wieder mit dem Sport anfangen kann, beeinflusst die Heilung durchaus positiv und beschleunigt sie.

Lernen vom Unterbewusstsein:

Unser Unterbewusstsein ist ein starkes Motivationsinstrument. Es beeinflusst unsere Handlungen auf einer, dem Bewusstsein oft verborgenen, Ebene, stärker als viele glauben. Wer luzide Träume geschickt nutzt, kann das Wissen des Unterbewusstseins ins Bewusstsein hervorholen – zum Beispiel, indem man Personen im Klartraum Fragen stellt. Oft wird dadurch das Unterbewusstsein gezwungen latent vorhandene Lösung in Form dieser Traumgestalt für das Bewusstsein verständlich wiederzugeben. Man fordert es also auf, nebulöses Wissen in klare Worte zu packen. Dadurch lernt man sich selber besser kennen und kann womöglich die eine oder andere Hilfestellung durch sich selbst bekommen.

Unterhaltung:

Last but not least, können Klarträume der Unterhaltung dienen. Warum denn auch nicht? Sie können sich einfach den aktuellen Traum packen und in jegliche gewünschte Richtung lenken. Vom Vergnügungsparkbesuch, über das Traumauto und Sex mit der Traumfrau (im Traumauto), bis hin zum Traumurlaub ist alles drin. Nur Ihre Vorstellungskraft setzt die Grenzen. Es ist Ihr Traum, Sie alleine bestimmen die Regeln. Hand aufs Herz: Ab und zu darf man auch abschalten und entspannen – warum also nicht einen Klartraum dafür nutzen und den Strand von Mallorca entdecken, wenn einem danach ist? Vielleicht wollten Sie aber schon immer einmal unter Wasser atmen und dabei die Tiefen der Ozeane erkunden oder möglicherweise wollten Sie einmal so viel Geld haben, dass sie wie Dagobert Duck darin schwimmen können. Beispielsweise könnten Sie auch mit einem Verstorbenen reden, der Ihnen nahestand, oder einer berühmten Persönlichkeit mit der Sie sich gern mal unterhalten wöllten.

Angstbekämpfung und persönliche Entwicklung

Im Klartraum können Sie sich auch Ihren größten Ängsten und Phobien stellen, um diese ein für alle Mal zu bekämpfen und loszuwerden. Wer zum Beispiel Angst hat, vor Menschenmengen zu sprechen, kann dies im Klartraum üben und die Angst überwinden. Der Realitätsgrad wird zwar etwas abgeschwächt, weil man weiß, dass einem nichts passieren kann. Jedoch kann das Erlebte in der Traumwelt sehr real wirken und Einfluss auf Ihre Wahrnehmung im Wachleben nehmen. Eine haarige Spinne wirkt im Klartraum genauso eklig wie im Wachleben, im Klartraum hat man aber die Kontrolle. Die Spinne wird dennoch im Klartraum niemals beißen. Die Menschenmenge vor der man eine Rede hält ist ebenso nicht real, dennoch kann einem die reale Darstellung die Schweißperlen auf die Stirn treiben. Mehr Training für das Sprechen vor anderen hilft dennoch mit dem Gefühl der Aufregung und der Angst klarzukommen. Das Gehirn speichert diese Erfahrungen im Klartraum ab. Somit sammelt es positive Erlebnisse mit der Phobie bzw. Angst.

Nach genug Training verbindet das Gehirn überwiegend positive Erlebnisse mit einem bestimmten Ereignis oder Objekt, welches Ihre Phobie auslöst - die Phobie wäre hiermit besiegt! Des Weiteren können Sie Traumata, Autounfälle, sowie Verlustängste oder Höhenängste verarbeiten. Im Klartraum setzt einem nichts Grenzen! Sie können zum Beispiel auch Ängste und Probleme in einem Klartraum als Objekt oder Person erscheinen lassen und so mit der Angst, der Depression oder dem Problem kommunizieren und es auflösen.

Luzide Träume die Geschichte geschrieben haben:

Wie vorher schon mal erwähnt, sind Klarträume ein ganz natürlicher Bestandteil unserer menschlichen Existenz – der eine hat sie mehr, der andere weniger. Sie sind in der Regel kein Anzeichen für eine Erkrankung oder Ähnliches. Die meisten vergessen nur einfach schlicht und ergreifend nach dem Aufstehen ihre Klarträume und glauben deshalb, kaum oder keine jemals gehabt zu haben. Manche hingegen können sich daran bewusst erinnern und diese weit über das gewöhnliche Maß hinaus steuern.

Es ist wohl hinlänglich bekannt, dass Träume in der menschlichen Geschichte öfters eine Quelle von Inspiration und Ideen waren. Zahlreiche Führungspersönlichkeiten, Forscher und Künstler nutzen gezielt Ihre Klarträume um im Leben voran zu kommen, kreative Ideen zu empfangen und sich Problemen zu stellen. Erfahrene luzide Träumer legen sich deshalb immer einen Stift mit Papier neben das Bett, um mögliche Erkenntnisse aufzuschreiben, bevor diese wieder im Orkus des Unterbewusstseins verschwinden. Beginnen wir also mit dem berühmtesten aller Klarträumer:

Albert Einstein:

Einstein nutzte Klarträume, um seine Theorien auf Funktionalität und Plausibilität zu überprüfen. Durch die schier unendliche Vorstellungskraft der Träume war es ihm möglich, die bekannten Gesetze der Physik für einen Moment außer Kraft zu setzen und frei von Ballast neue Theorien zu überprüfen. Nach dem Aufstehen konnte er das Geträumte mit der Vereinbarkeit gegenüber echten physikalischen Gesetzen abgleichen und so neue Erkenntnisse für die Menschheit gewinnen.

Neil Bohr:

Der Urvater der modernen Mechanik, Neil Bohr, sprach öfters davon, dass er Klarträume zum Nachdenken über Herausforderungen und Probleme nutzte. In einem Klartraum fand er eines Nachts eine Struktur für den Aufbau von Atomen, Nukliden, Elektronen etc. sowie deren Interaktionen miteinander. Plötzlich legte sich ein Schalter in seinem Kopf um und ihm wurde bewusst, dass sein Unterbewusstsein Inspiration aus dem Kreisen der Planeten um die Sonne gezogen hatte, um das vorliegende Problem zu lösen. Ein Gedankengang, der im wachen Zustand um einiges schwieriger zu empfangen wäre.

Mary Shelley:

Der Roman Frankenstein, die wohl erste Science-Fiction Geschichte der Welt, entstammt den Alpträumen von Mary Shelley. Als diese Dame 18 Jahre alt war, besuchte sie Lord Byron in der Schweiz. Beide saßen eines Abends vor dem Kamin und erzählten sich Gruselgeschichten. Ermutigt von Lord Byron, begann Frau Shelley ihre Träume bewusst aufzuarbeiten und in einem Buch niederzuschreiben. Sie nutzte Klarträume, um bewusst Buchmaterial für ihr Werk zu erzeugen und sich vorzustellen. Aus ihren anfänglichen Alpträumen hatte sie "Studienobjekte" gemacht und daraus wiederrum ein heute weltweit bekanntes Meisterwerk der Literatur.

Paul McCartney:

Paul McCartney komponierte das Stück Yesterday im Traum. Im Jahre 1965 träumte er eines nachts von der Komposition und schrieb sich gleich nach dem Aufstehen den Text, die Melodie, als auch die Stimmung des Stückes auf. Er nahm sich selber auf Band auf, wie er das Stück einsingt, um so im Studio das Ganze zu einem Welthit verarbeiten zu können.

Dies sind nur vier Beispiele von zahlreichen weiteren berühmten als auch unbekannten Persönlichkeiten in der weiten Welt, welche luzide Träume als Problemlösungsinstrument nutzen. Klarträume sind kein Mythos oder Hokuspokus mehr, sondern werden als echter Bestandteil unserer menschlichen Existenz angesehen. Dieses Geschenk darf und möchte von uns genutzt werden! Möglicherweise machen Sie selbst bald eine große Entdeckung, probieren Sie es aus (und lassen Sie es mich wissen, falls es passiert)!

Kapitel 3 - Wichtige Informationen bevor Sie mit Klarträumen durchstarten

Wie schnell kann ich luzide Träume haben?

Wie schnell man die luziden Träume meistern kann, hängt von vielen Faktoren ab, die man auf individueller, personenbezogener Basis betrachten muss. Wie gut besprechen Sie ihre Träume im Nachhinein mit sich selbst? Wieviel Zeit möchten Sie in die Thematik investieren? Bleiben Sie dauerhaft am Ball mit dem Training? Fangen Sie komplett bei null an oder haben Vorerfahrungen? Wie sehr lassen Sie sich auf dieses Thema ein? Diese und weitere Faktoren beeinflussen den Zeitpunkt Ihres ersten klaren Traumes.

Schauen wir uns echte Fallstudien an, sehen wir, wie man Klarträume Stück für Stück erschließen und meistern kann. Dr. LaBerge konnte die Anzahl der Klarträume von anfangs 1-2 pro Monat bis hin zu täglichem luziden Träumen steigern. Er konzentrierte sich möglichst auf eindeutige, klare Bilder aus seinem Alltag und versuchte, diese immer wieder in seinen Träumen hervorzuholen. Sozusagen als Anker, Erinnerung und gedankliche Hilfsstütze, die sein Bewusstsein in den Klartraumzustand bringen soll. Daraus folgend versuchten früher und selbst heute noch versuchen viele ihm nachzueifern. Jedoch meistens mit weniger Zeitaufwand als LaBerge. Außerdem behauptet er, eine natürliche Begabung für verstärktes, luzides Träumen zu haben. Nichtsdestotrotz kann man sich

17

einige Methoden von ihm abschauen. Sollten Sie diese konsequent und zielgerichtet nutzen, sollte Ihrem Erfolg nichts im Wege stehen und Sie werden schon bald anfangen mit dem luziden Träumen. Zusätzlich stehen uns heute weitaus mehr Hilfsmittel zur Verfügung – Neuroscans und biometrische Schlafdaten erleichterten die gezielte Erforschung von Klarträumen in den letzten Jahren enorm.

Vornweg sein noch gesagt: Verlieren Sie nicht den Mut, wenn es Ihnen nicht gleich in einer der ersten Nächte gelingt. Bei manchen Menschen bedarf es einen längeren Zeitraum bis diese ihren ersten wirklichen Klartraum haben. Ich selbst hatte Glück und habe in einer der ersten Nächte Erfolg gehabt, wobei ich vor Aufregung aufgewacht bin. Die nächsten Nächte bin ich voller Enthusiasmus ins Bett gestiegen. Jedoch ohne Erfolg wieder aufgewacht und das für ganze zwei Wochen, bis ich behaupten konnte, einen zweiten Klartraum gehabt zu haben. Doch auch danach musste ich wieder eine Weile warten und mich vorbereiten um wieder und wieder klar träumen zu können.

Die fünf Schlafphasen:

Der normale Schlaf besteht aus fünf Phasen. Ein kompletter Schlafzyklus dauert etwa 90 bis 110 Minuten. Vornweg ist zu sagen, dass REM (Rapid Eye Movement) zu Deutsch sinngemäß bedeutet, dass die Augen auf eine sehr schnelle Art und Weise hin und her bewegt werden. NREM (Non-REM) wäre somit eine Phase bei der die Augenbewegung wegbleibt.

Man unterscheidet üblicherweise folgende Stadien

NREM-Phase 1:

In der NREM Phase 1 ist der Schlaf sehr leicht und man kann extrem einfach von äußeren Einflüssen geweckt werden. Die Muskeln beginnen sich zu entspannen und ein leichtes Zucken im Schlaf kommt vereinzelt vor. Die Hirnaktivität verlagert sich in den Thetabereich (4-7 Hz).

NREM-Phase 2:

Die Muskeln sind praktisch vollkommen erschlafft, weswegen man an den mangelnden Körperbewegungen nicht feststellen kann, ob jemand gerade aktiv träumt. Die Gehirnaktivität ist sehr moderat mit kurzen, scharfen Ausreißern nach oben. Rund die Hälfte des gesamten Schlafes wird in dieser Phase verbracht: Ein relativ leichter Schlaf ohne Traumerlebnisse.

NREM-Phase 3:

Die Hirnwellenaktivität ist hier auf mittlerem Niveau wie mit viel Deltaaktivität. Der Schlafende nimmt die Umwelt kaum noch war und ist schwerer zu wecken. Wird man doch hier geweckt, ist man meist 2-3 Minuten benommen und muss sich erst sammeln. In dieser Phase befinden sich oft Schlafwandler, wenn sie nachts unterwegs sind. Ansonsten ist diese Schlafphase ebenfalls arm an Träumen.

NREM-Phase 4:

Sehr ähnlich wie die Phase 3, ist die Hirnwellenaktivität auf mittlerem Niveau und der Körper ruht recht intensiv.

Kapitel 3 - Wichtige Informationen bevor Sie mit Klarträumen durchstarten

REM-Phase:

In der REM-Phase wird stark und oft geträumt. Es ist die tiefste Schlafphase, aus welcher es am Schwierigsten ist jemanden zu wecken. Die Hirnaktivität wird stärker, wenn auch sprunghafter. Wer aus dieser Schlafphase geweckt wird und gleich wieder einschlafen kann, findet sich ziemlich zügig wieder in der REM-Phase. Ein REM-Phasen Mangel macht sich in abgeschwächter, kognitiver Leistungsfähigkeit bemerkbar. Zusätzlich leidet das Erinnerungsvermögen, wenn diese Phase dauerhaft gestört wird. Somit ist die REM-Phase wichtig für unser Gehirn, um die tägliche Informationsflut auch langfristig einzuordnen und verarbeiten zu können.

Während der REM-Phase im vierten und fünften Schlafzyklus finden die meisten Klarträume statt. Dies geschieht meistens nach 6 Stunden Schlaf. Je später die REM-Phase eingeleitet wird und die vorangegangen dauerten, desto länger wird auch diese letzte Phase des Schlafes sein.

Doch wie lang träumt man eigentlich?

Wie man anhand des sich darunter befindenden Diagramms sehen kann, ist die erste REM-Phase nur sehr kurz, während die letzte schon um einiges länger ist. In den ersten Phasen werden Sie kaum träumen, geschweige denn, sich an einen Ihrer Träume erinnern können. Während Sie in der vierten und fünften Phase sogar 45-60 Minuten Zeit haben, um ununterbrochen zu träumen. Diese Zeit ist perfekt für luzide Träume!

Und wie lang halten diese nun an? Das kommt ganz auf Ihr Level an. Beginner werden innerhalb der ersten paar

Sekunden aus ihrem luzidem Traum aufwachen, weil sie
viel zu aufgeregt werden, endlich luzid zu träumen.

Fortgeschrittenen hingegen schaffen es, um die 10 bis 20
Minuten luzid zu sein. Meine persönliche Bestzeit liegt
etwa bei 20 Minuten.

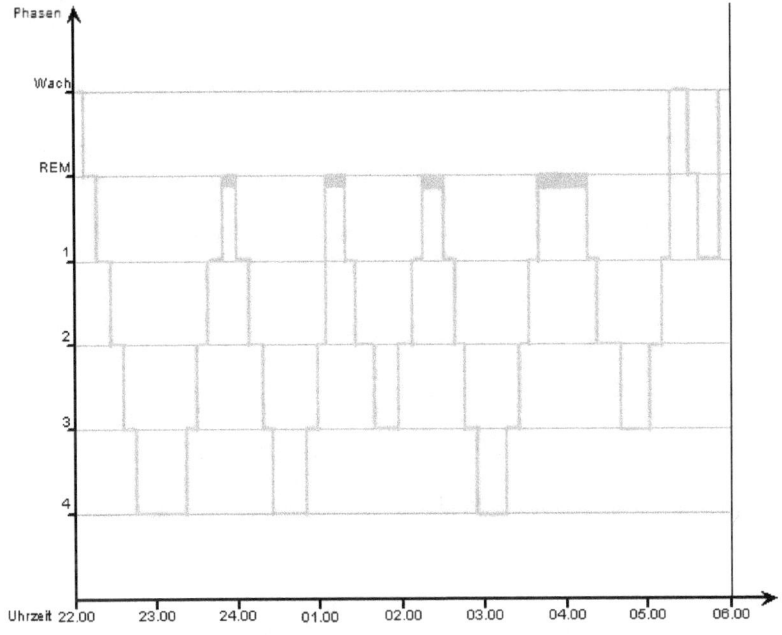

Sollten Sie nicht mit Hilfe eines Weckers aufstehen,
beispielsweise an Wochenenden, werden Sie oft direkt nach
einem Traum aufwachen, was es viel einfacher für Sie
macht, sich an ihn zu erinnern. Wenn Sie noch ganz am
Anfang sind und noch keine Erfahrung mit luzidem

träumen gemacht haben, ist es ratsam an so vielen Tagen
wie möglich mal so richtig auszuschlafen. Das bedeutet.
ohne Wecker einfach länger schlummern, denn je länger sie
schlafen, desto länger sind die REM-Phasen und desto
häufiger haben Sie die Chance zu realisieren, dass Sie
träumen.

Mittagsschlaf / Powernaps

Zusätzlich rate ich Ihnen Powernaps durchzuführen. Das
heißt, sie legen sich für etwa 20 bis 30 Minuten schlafen
und stellen sich einen Wecker. Sie wollen ja nur in den
Leichtschlaf fallen. Niemals mehr als 30 Minuten
Nickerchen machen, denn ihr Körper stellt sich daraufhin
auf Tiefschlaf ein. Dies würde Schlaftrunkenheit mit sich
ziehen, was Sie auf jeden Fall vermeiden wollen.

Powernaps haben mehrere Vorteile:

- sie sind gut für das Herz-Kreislauf-System
- helfen Stress abzubauen
- heben Ihre Stimmung
- erhöhen Ihre Kreativität
- schenken Ihnen Power und Energie
- machen Sie konzentrierter und leistungsfähiger
- machen luzide Träume am Tag möglich

Wer versucht sein Schlafdefizit damit wett zu machen, irrt.
Richtiger Schlaf sollte Zuhause im Bett vollzogen werden.
Das Gute an Powernaps ist, dass man sie überall vollziehen
kann, egal wo man gerade ist. Als Beginner, der noch

Probleme hat schnell einzuschlafen sollten Sie sich etwa 20-30 Minuten Zeit nehmen, um überhaupt erstmal in die Schlummerphase zu gelangen. Wer geübt ist, dem sollten 5-10 Minuten reichen, um seinen Körper realisieren zu lassen, dass ihm gleich etwas Gutes getan wird.

Doch was hat das Ganze mit luzidem träumen zu tun?

Wenn die Theorie besagt, dass man ganze 90 Minuten benötigt, um in die REM-Phase zu gelangen für eine (Klar-)Traumphase, wieso sollte mich ein 30-minütiger Mittagsschlaf dann luzid träumen lassen? Theorie ist eben auch nur Theorie und diese ist nicht immer zu 100% zutreffend. Es ist also möglich, auch einen Klartraum zu haben, ohne einen 90-minütigen Zyklus zu durchlaufen. Probieren Sie es einfach aus! Es benötigt etwas Übung, doch es ist mit Sicherheit möglich! Die Wahrscheinlichkeit einen Traum zu haben wird größer, wenn Sie sich vor dem Einschlafen immer wieder aufsagen, dass sie träumen werden. Denn selbst, wenn Ihnen das (Klar-)Träumen nicht gelingt, all die anderen Vorteile eines Powernaps werden Ihnen stets nützlich sein.

Bergen Klarträume Gefahren?

Eine der Aufgaben von Träumen ist das Verarbeiten von Erfahrungen im Leben. Nutzt man nun Klarträume offensiv, dann kann dies die Bewältigung z.B. von schlechten Erfahrungen erleichtern, da man sich mit der Problematik bewusster auseinandersetzt. Zahlreiche Studien haben gezeigt, dass die Auseinandersetzung mit schlechten Träumen sich dann produktiver gestaltet, wenn

man diese im Rahmen eines Klartraumes als solches
bewusst macht, was sie wirklich sind: Der Versuch des
Gehirns Erfahrungen zu verarbeiten.

Manche Leute verwechseln Träume mit Fakten: Unsere
Träume können nur ein Modell, ein unvollständiges Abbild
der Realität darstellen. Sie sind alleine schon durch unsere
Begrenzung auf unseren Erfahrungsschatz begrenzt –
Erkenntnisse und Gedanken fremder Personen können nicht
darin vorkommen (nur als Interpretationen unserer selbst).
Wer also Träume und im speziellen luzide Träume als
100% Faktenwissen ansieht ohne auf Plausibilität zu
prüfen, begeht den großen Fehlern die eigenen Gedanken
als Naturgesetze zu betrachten – anstatt als Faktoren und
Hilfsmittel.

Ein – halten Sie sich bitte fest – ernsthafter Einwand
gegenüber Klarträumen ist, dass man dabei sterben könnte.
Folgen wir mal dieser Logik für einen Moment: Wie sollten
wir herausfinden, dass es stimmt? Schließlich können wir
ja die Toten nicht befragen – und unter Laborbedingungen
ist noch Keiner bei einem Klartraum aufgrund der Träume
verstorben. Nur weil man vom Tod träumt, bedeutet es
nicht gleich, dass die Wahrscheinlichkeit zu sterben höher
ist in diesem Moment. Für dieses Vorurteil gibt es keinen
festen wissenschaftlichen Beleg. Bislang sind alle
Klarträumer wieder aufgewacht.

Kapitel 4 – Wie Sie Ihren Klartraum vorbereiten

Traumtagebuch:

Der erste Schritt zu regelmäßigen, kontrollierten Klarträumen, ist das Führen eines Traumtagebuches – regelmäßig!!! Das ist ein absolut essentieller Schritt und hilft zusätzlich in anderen Bereichen des Lebens weiter. Ein Tagebuch hilft einem, den erlebten Traum noch einmal strukturiert durchzugehen und dessen tieferen Sinn – sofern vorhanden – zu ergründen. Zwei weitere Aspekte sind wichtig: Erstens, hilft die Auseinandersetzung mit den eigenen Träumen diese zu verarbeiten und zu akzeptieren, denn nicht jede Traumfantasie ist anfangs beruhigend. Zweitens, ist nur so garantiert, dass man sich an die Träume erinnert. Viel zu schnell sind Klarträume nach dem Aufstehen im Nebel der Erinnerungen verschwunden. Grundsätzlich sind wir Menschen darauf getrimmt unsere Träume zu vergessen. Durch das regelmäßige Tagebuch führen holen wir die Träume zurück in unser Bewusstsein – wenn auch nur schriftlich.

Ein guter Tipp welcher mir sehr gut geholfen hat, als ich angefangen habe: Legen Sie einen Stift sowie Blätter direkt neben ihr Bett in Griffnähe, sodass Sie nur kurz das Licht anknipsen müssen und sofort losschreiben können. Sonst ist die Gefahr, die Erinnerung zu verlieren sehr groß. Es empfiehlt sich eine besonders kleine Lampe neben das Bett zu stellen, welche warmes, gelbes, gedämpftes Licht ausstrahlt. Sie wollen sicherlich einen Schock der Helligkeit einer sehr grellen Lampe vermeiden und somit aus dem Schlummermodus geweckt werden.

Doch was schreiben Sie sich nun auf? Ganz simpel! Notieren Sie sich, was Sie erlebt haben, wo Sie es erlebt haben und was Sie dabei fühlten. Notieren Sie sich in einigen wenigen Stichpunkten die herausragenden Erinnerungsstücke. Welche Personen sind in Ihrem Traum vorgekommen, wer hat was gesagt oder getan) Welche besonderen Objekte haben Sie wahrnehmen können und was haben Sie mit diesen gemacht? Erstellen Sie dann eine Kurzzusammenfassung der Traumgeschichte. Am nächsten Abend, vor dem Einschlafen, lesen Sie sich Ihre Notizen nochmal durch. Mehr ist es nicht.

Traumzeichen deuten lernen:

LaBerge hat den Begriff "Traumzeichen" geprägt, welche dem Träumenden realisieren lassen, dass er träumt. Dank deines Traumtagebuches werden Sie immer wiederkehrende Traumzeichen Stück für Stück kennenlernen und somit verstehen. Durch die Auseinandersetzung mit den eigenen Träumen lassen sich nach einer gewissen Zeit Muster entdecken, welche immer wieder in Ihren Träumen vorkommen werden. So trainieren Sie Ihr eigenes Bewusstsein darauf, die wiederkehrenden Muster als solche zu erkennen. Das Bewusstsein wird daraufhin aktiviert und der gerade noch unbewusste Traum wird für Sie zu einem Klartraum.

Hier ein paar Beispiele:

- Tragen Sie eine Brille oder Kontaktlinsen? Träumen Sie in ihren Träumen immer davon keine Brille aufzuhaben? Gratulation, dann wäre das Ihr erstes Muster.
- Sind Sie vor kurzem umgezogen und träumen immer wieder von Ihrem alten Wohnort? Auch dies ist ein untrügliches Zeichen, für ein Muster, welches Sie während eines Traumes erkennen können, sobald Sie sich dieses Phänomen im Wachzustand bewusst gemacht haben!
- Sie treffen jemanden, der schon gestorben ist, doch er steht da mit Sicherheit lebendig vor Ihnen? Klingt nach einem Muster oder?
- Vielleicht lesen Sie auch einen Text und lesen ihn noch einmal und auch beim dritten Mal ergibt er keinen Sinn? Ein weiteres Muster!
- Sind Sie in der Zeit gereist?
- Haben Sie sprechende Haustiere?
- Können Sie verformte Möbel oder andere Objekte sehen?
- Sind Bekannte von Ihnen urplötzlich tot?
- Wurden Ihnen bekannte Ort, merkwürdige Dinge hinzugefügt oder entfernt?
- Sehen Sie fliegende Gegenstände, Tiere oder gar Menschen?

Diese und viele weitere unreale Dinge welche Ihnen geschehen, sollten Sie misstrauisch machen und somit realisieren lassen, dass sie gerade einen Traum haben.

Sollten Sie nach einem dieser Zeichen immer noch nicht sicher sein, ob Sie gerade einen Traum haben, dann können Sie einen der im nächsten Kapitel beschriebenen Realitätschecks machen, um sicher gehen zu können. Muster und Realitätschecks machen es Ihnen sogar möglich, bei einem bestimmten Zeichen absichtlich aufwachen zu können. Wenn Ihnen mal ein Traum nicht gefallen sollte, können Sie ihn so durch eine "Notbremsung" abbrechen.

Realitätscheck:

Realitätschecks können die Kontrolle über die eigenen Träume erleichtern. Es gibt IMMER Anzeichen dafür, ob man träumt oder nicht, sollte man gelernt haben diese als solche zu erkennen. Ein Realitätscheck kann Ihre „Träumerfähigkeiten" auf ein höheres Level bringen. Kombiniert mit anderen Klartraummethoden, können Sie ihre Träume bewusst steuern und nach Belieben aufwachen, um zum Beispiel voll motiviert an eine Aufgabe zu gehen. Zudem helfen Realitätschecks, dem Bewusstsein klarzumachen, dass man gerade träumt. Das wiederum ermöglicht Ihnen, die Kontrolle über Ihrer aktuellen Traum zu erlangen.

Doch wie kann man absichtlich aufwachen während man träumt bzw. dem vorausgehend: Woher kann man wissen, dass man überhaupt träumt? Was kann man dafür machen? Durchdenken wir die Sache für einen Moment.

Woher weiß ich, dass ich wach bin?

- Ich kann sehen
- Ich kann fühlen
- Ich kann denken
- Ich bin ich!

Dummerweise trifft das auch auf das Träumen zu. Man kann auch in "normalen" Träumen sehen, fühlen, denken und einfach ICH sein. Das hilft uns also erstmal nicht weiter um herauszufinden, ob man wirklich wach ist.

Hier nun meine Lieblingsmethode: Ich nutze diese selber und sie funktioniert in 90% aller Fälle ohne Probleme. Ich lege Zeige- und Mittelfinger meiner rechten Hand auf den Handrücken meiner linken und befehle meinen Finger durch diese hindurch zugleiten…mit einem ganz sanften Druck. Im Wachzustand wird das natürlich nicht klappen – funktioniert es jedoch, dann wissen Sie mit Sicherheit, dass Sie gerade träumen. Man ist sich des Traumes plötzlich…bewusst. Nun kann das Bewusstsein voll übernehmen. Man weiß plötzlich auf einer ganz tiefen Ebene wer man ist, wo man ist, wie man ist – und vor Allem hat man plötzlich die absolute Kontrolle zurückerlangt.

Eine weitere tolle Möglichkeit die Realität zu testen besteht darin, dass Sie im Verlauf Ihres Alltags stets eine digitale Armbanduhr bei sich tragen. Lesen Sie die Ziffern auf ihr, schauen Sie für einen Moment weg und kontrollieren Sie erneut die Uhrzeit. Versuchen Sie die Ziffern die sich auf Ihrer Uhr befinden bewusst zu ändern. Stellen Sie sich vor, die Uhrzeit ändert sich schlagartig. Hat sich die Zeit deutlich verschoben wissen Sie, dass es ein Traum ist. Es ist bewiesen, dass sich ein Text bzw. eine Uhrzeit welche Sie zum ersten Mal wiederholt lesen zu 75% im Traum ändert. Zu 95% ändert sie sich beim zweiten Mal erneutes lesen. Sollten sich die Buchstaben und Zahlen in komischen Formaten befinden ist es sicherlich ein Traum.

Eine Alternative wäre es, sich selbst zu sagen: "Möglicherweise träume ich gerade nicht und bin wach – aber angenommen ich träume doch, wie würde es hier um mich herum aussehen? Was wäre, wenn ich mir jetzt einen rosa Elefanten an der Wand vorstelle?" Sobald Sie bemerken, dass sich eine plötzliche Veränderung aufzeigt, wissen Sie, dass Sie doch in einem Traum sind – auch wenn dieser sich verdammt real anfühlt.

Jetzt fragen Sie sich "ein Traum fühlt sich doch nicht real an, das weiß doch Jeder". Das stimmt. Aber eben nur im Wachzustand. Während man träumt, kommt man schlicht und ergreifend normalerweise nicht auf die Idee zu hinterfragen. Deshalb müssen wir uns den Traum bewusst machen, uns muss klar werden, dass es wirklich nur ein Traum ist.

Die Top 10 Realitätschecks für luzides Träumen

1. Atmung - Können Sie Ihren Mund und zusätzlich Ihre Nase schließen und trotzdem weiter atmen?
2. Springen - Wenn Sie nach oben in die Luft springen, können Sie dann über dem Boden schweben?

3. Lesen - Können Sie einen Text zweimal lesen während er dieselbe Bedeutung behält?
4. Sehen - Ist Ihre Sicht klarer oder vernebelter als normal?
5. Wände - Können Sie ihre Hände durch eine Wand oder andere undurchdringliche Flächen plötzlich widerstandsfrei durchdringen?
6. Fliegen - Können Sie abheben und die Welt von oben betrachten, wenn Sie nach oben springen?
7. Hand - Hat Ihre Hand genau fünf Finger und sind diese unterschiedlich lang?
8. Spiegel - Sieht Ihr Spiegelbild aus wie sonst oder ist es verzerrt?
9. Mathe - Können Sie Zahlen addieren und subtrahieren und ein richtiges Ergebnis ausrechnen?
10. Auto fahren - Können Sie Ihr Auto mit purer Gedankenkraft lenken oder muss es von Ihnen gesteuert werden?

Eine weitere Methode ist es, sich selbst ein Traumzeichen auszudenken. Ich hatte mir einmal folgendes Zeichen jeden Tag auf die Hand gemalt:

Jedes Mal, wenn ich es betrachtet habe, habe ich mir vorgestellt zu träumen und habe dann zwei bis drei verschiedene Realitätstests gemacht, um herauszufinden was Traum ist und was nicht. Nach ein paar Tagen hat sich dieses Zeichen auch in meine Träume eingeschlichen, denn ich hatte es mindestens 20 Mal am Tag gesehen und daraufhin ein paar kleine Tests gemacht. Wenn es dann also in meinem Traum erschien, habe ich wieder ein paar Tests gemacht. Wenn ich träumte hat meistens schon ein Test gereicht und ich wusste, dass ich träumte.

Einen Tipp welchen ich Ihnen auf jeden Fall noch mit auf den Weg geben kann ist folgender: Gehen Sie stets positiv und bewusst an einen Test heran. Führen Sie ihn langsam durch und erwarten Sie, dass Sie gerade träumen. Wer Ihn schnell und mit negativen Erwartungen durchführt und sich denkt "Das klappt ja sowieso nicht", der wird lange auf Erfolg warten müssen. Man kann nie wissen wann man wirklich träumt, wie Sie vorher im Buch gelernt haben. Jeder Traum fühlt sich real an, wenn man ihn gerade träumt.

Meditation

Das Betrachten und sorgfältige Pflegen der eigenen Wahrnehmung hilft ungemein für Luzides Träumen. Achtsamkeit und innere Ruhe sind eine Grundvoraussetzung für Klarträume. Die MILD sowie die WILD Klartraumtechniken, welche ich später gleich beschreiben werde, gehen Hand in Hand mit Meditation und Bewusstsein.

Studien haben herausgefunden, dass das Klarträumen und Meditation eine direkte Verbindung besitzen. Die

Wahrnehmung der eigenen Umwelt und von seiner selbst steigert sich zusätzlich enorm. In Folge dessen steigert sich die Fähigkeit, Träume zu erkennen und zu kontrollieren. Sogar eine einfache, meditative und täglich praktizierte Übung wie das bewusste Atmen hilft, das Gehirn auf bewusste Kontrolle zu schulen und dadurch Träume zu erkennen und zu steuern.

Das Gehirn ist wie ein Muskel: Seine Fähigkeiten sind enorm, aber es muss trainiert werden.

Übrigens hat Meditation, über Klarträume hinausgehend, viele weitere Vorteile, welche das allgemeine Wohlbefinden steigern:

- Stressabbau
- erhöhter Fokus sowie Lernkapazität
- bringt Sie in einen höheren Bewusstseinszustand
- verbessert Ihre Vorstellungskraft
- verändert das Gehirn positiv und lässt es langsamer altern
- hilft gegen Depressionen
- lindert Schmerzen
- verbessert Ihren Schlaf
- …und macht Sie zu einem gelasseneren Menschen mit dem Drang zu helfen und geben

Ohne Zweifel ist das Betrachten und Schulen der eigenen Wahrnehmung, z.B. durch Meditation, ein essentieller Bestandteil jedes Klartraumnutzers. Die Vorteile davon reichen weit über die Träumerei alleine hinaus und sind somit praktisch für jeden Menschen zu empfehlen.

Kapitel 4 – Wie Sie Ihren Klartraum vorbereiten

So viel zur Theorie, doch wie meditiert man eigentlich?

Sollten Sie in diesem Gebiet kein Anfänger sein, dann überspringen Sie diesen Teil einfach. Für alle die bis sich bis jetzt noch nicht am Meditieren probiert haben:

Position:

Setzen Sie sich zunächst bequem hin. Wahrscheinlich kennen Sie die Schneidersitzposition, auch Vairochana's Position genannt. Die Daumen sowie Zeigefinger beider Hände berühren sich dabei, während Ihre Hände auf den Knien ruhen. Dies ist jedoch nur eine von vielen möglichen Positionen. Sie können liegen, sich anlehnen, stehen, auf einem Stuhl sitzen, wie es Ihnen beliebt. Die Hauptsache ist, dass Sie nicht einschlafen (das ist mir oft im Liegen passiert, weshalb ich diese Methode nicht mehr favorisiere). Ihr Rücken sollte dabei gerade sein. Nicht kerzengerade, so dass Sie zu viel Spannung aufbauen müssen, aber auch nicht wie ein nasser Sack Sand ohne jegliche Körperspannung. Eine schlappe Haltung erschwert den Eintritt ins Bewusstsein. Wer sich für die herkömmliche Position entscheidet, so wie man es von Buddha gewöhnt ist (die Hände werden im Schoß übereinandergelegt), kann das auch sehr gern machen. Ich rate Ihnen nur davon ab, eine geschlossene bzw. abwehrende Haltung einzunehmen. Solch eine Position behindert den freien Energiefluss.

Wo Sie am besten meditieren:

Suchen Sie sich einen Ort, an dem Sie alleine sind, an dem Sie sichergehen können, dass Sie für die eingeplante Zeit in der Sie meditieren wollen keine Störungen erfahren werden. Ihr eigener Raum ist dafür perfekt geeignet, wenn Sie ihn absperren können. Es sollte ein möglichst ruhiger Ort sein, das heißt Sie können zwar schon im Stadtpark meditieren, jedoch nicht gerade neben einer viel befahrenen

Straße, auch wenn Sie niemand direkt stören wird. Den Beginner sollten so wenig wie möglich äußere Störungen umgeben. Sollte es Ihnen nicht möglich Ruhe zu schaffen, stecken Sie sich einfach Kopfhörer ins Ohr und spielen Sie sanfte, beruhigende Entspannungs- bzw. Meditationsmusik ab. Wunderbar funktionieren für mich Naturgeräusche wie Regen, Gewitter, das Fließen eines Baches oder das Knistern eines Feuers. Wer diese Umstände natürlich und ohne Audiodatei schaffen kann, dem ist empfohlen raus in die Natur zu gehen, frische Lust zu atmen und dabei den Geräuschen der Natur zu lauschen.

<u>Technik und Zeitraum</u>

Für einen Anfänger ist es empfehlenswert mit 5 Minuten zu beginnen. Setzen Sie sich hin, nehmen Sie einen Wecker mit und beginnen Sie tief zu atmen. Eine Faustregel besagt, dass Sie langsam genug ein- und ausatmen, wenn Sie Ihren eigenen Atem nicht mehr hören können. Im Durchschnitt sind das 6-8 Sekunden die sie zunächst tief einatmen. Halten Sie Ihren Atem für 1 bis 2 Sekunden und atmen Sie genau so lang aus wie sie eingeatmet haben. Danach wieder 1 bis 2 Sekunden halten. Der Anfang wird Ihnen wahrscheinlich schwerfallen, da ihr Atemrhythmus normalerweise kürzer und flacher ist und ihr Herz schneller schlägt. Nach etwas Training können Sie den neuen Rhythmus jedoch schnell annehmen und Sie werden merken, wie Ihr Puls, Ihr Herzrhythmus immer langsamer werden. Wichtig ist es dabei in den Bauch zu atmen. Wie viele Menschen atmen sehr flach und nur in ihre Brust hinein. Bei einer Meditation können Sie mit geschlossenen Augen Ihren Atem am besten folgen. Beobachten Sie, wie

Sie Sauerstoff durch den Mund einatmen, wie er durch Ihre Brust hindurchdringt und Ihren Bauch füllt, wo er für 1 bis 2 Sekunden verweilt. Wenn Sie wieder ausatmen beobachten Sie, wie der Sauerstoff Ihre Wirbelsäule aufsteigt, Ihren Kopf füllt und danach aus Ihrem Mund entweicht.

Versuchen Sie diesem Kreislauf Ihre komplette Aufmerksamkeit zu schenken. Schon bald werden Sie merken wie Ihre Gedanken abdriften und Sie Gedankenverloren „umherdenken". Das Ziel einer Meditation ist jedoch die Abwesenheit der Gedanken. Verurteilen Sie Ihre Gedanken bzw. sich selbst nicht, sollten diese Gedanken immer wieder aufkommen. Es ist wichtig zu akzeptieren, dass dies so ist. Stellen Sie sich Ihre Gedanken einfach wie Wolken vor. Sie kommen und gehen, doch Sie halten nicht an Ihnen fest. Sie beobachten sie nur und lassen Sie los, sobald Sie merken, dass sie wieder abdriften. Anfängern werden nur Sekunden vom Zustand der Gedankenlosigkeit genießen können. Doch schon bald, mit ein bisschen Übung, werden Sie feststellen, dass aus diesen Sekunden eine viertel oder gar eine halbe Minute werden. Sollte es Ihnen besonders schwerfallen, sich auf ausschließlich Ihren Atem zu konzentrieren, können Sie versuchen, Ihren Kopf mit einer zweiten Aufgabe zu „beschäftigen". Dazu konzentrieren Sie sich auf Ihre Sinne. Was fühlen Sie auf Ihrer Haut, was für Geräusche umgeben Sie, was können Sie riechen? Haben Sie Spannungen im Körper? Außerdem können Sie sich auf einzelne Teile Ihres Körpers fokussieren. Zuerst die Füße, wie fühlen diese sich an? Dann arbeiten Sie sich am Körper nach oben, bis Sie schließlich oben an Ihrem Kopf angelangt sind.

Sollten Sie sich nach ein bis zwei Wochen mit Ihrer neuen Gewohnheit angefreundet haben, können Sie die Zeitspanne auf 10 Minuten erhöhen. Nach drei bis vier Wochen können Sie dann auf 20 bis 30 Minuten hochgehen. Je nachdem wie schnell Sie in den sogenannten Schwebezustand kommen, in dem sich alles federleicht und pudelwohl anfühlt, an dem Sie einfach nur pures Glück und Gedankenlosigkeit erfahren, können Sie Ihre Meditation verlängern oder verkürzen. Sehr empfehlenswert ist es, eine gewisse Routine aufzubauen und täglich zu meditieren. Entweder früh nach dem Aufstehen, als eine Art Morgenroutine, bevor der stressige Arbeitsalltag startet oder eben abends nach dem dieser erledigt ist. Vielleicht möchten Sie es ja auch gern in der Mittagspause machen oder zwei Mal täglich.

Es ist Ihnen frei überlassen. Meditation ist keine Pflicht und hat auch keine strikt einzuhaltenden Regeln. Meditation ist dazu da, um Sie zu genießen und im Moment zu leben und nicht um sich an Regeln zu halten und sich ständig zu fragen, ist das richtig oder „sollte" ich es doch lieber so machen? Es ist Ihre freie Entscheidung, ich gebe Ihnen nur Empfehlungen und einen kleinen Einblick in die große, befreiende Welt der Meditation.

Kapitel 5 – Einen Klartraum einleiten

Beginnen wir mit der Technik, die absolut jeder angehende Klarträumer beherrschen muss, bevor er überhaupt anfängt luzide Träume zu haben. Die MILD wird verwendet, um Träume nach deiner eigenen Vorstellung zu gestalten.

MILD (Mnemonic Induction of Lucid Dreaming = gedächtnis-induzierter Klartraum)

Mit Hilfe der Techniken des Visualisierens sowie der Autosuggestion ist die MILD Methode die Voraussetzung für alle nachfolgenden Methoden des luziden Träumens. Die WILD und die DILD Techniken können um einiges verbessert werden, sollten Sie die MILD beherrschen. Ihre Traumerinnerung und Ihr Traumbewusstsein sowie -wahrnehmung werden verstärkt und die Wirksamkeit der Realitätschecks erhöht. Es bereitet Sie auf die im Schlaf folgende Klarträumerei vor, da es Ihre Fantasie fördert.

Was genau Sie machen müssen: Gehen Sie im Kopf den nächsten Traum grob durch. Wie soll dieser aussehen, um welche Thematik soll es sich handeln, was soll passieren? Sie stellen sich quasi den Traum vorab schon vor. So programmieren Sie ihr Gehirn darauf, den passenden "Film" entsprechend abzuspielen.

Idealerweise merken Sie sich zwei bis drei Ankerpunkte, sodass Sie sich im Traum durch bestimmte, vorher

39

festgelegte Ereignisse erinnern können und somit wissen: "Das ist mein Traum!". Mit Ankerpunkten sind Geschehnisse gemeint, welche Sie sich bevor Sie eingeschlafen sind vorgestellt haben. Erinnern Sie sich an diese, wissen Sie, dass Sie luzid sind. Um 100% sicher zu sein, führen Sie doch einfach einen Ihrer persönlichen Realitätschecks durch!

Wie man einen MILD-Traum bekommt:

Fangen wir ganz einfach an. Am besten beginnen Sie dann, wenn Sie den Kopf nicht voll von Alltagssorgen haben und entspannt sind. Geistig sowohl als auch körperlich müssen Sie zur Ruhe gekommen sein. Deshalb eignet es sich, eine halbe Stunde vorher TV und PC zu meiden. Fiktive Geschichten können jedoch hilfreich sein, ihre Kreativität zu steigern.

Einfach erstmal runterkommen. Idealerweise vor dem Schlafen gehen. Um frei von ablenkenden Gedanken zu werden, meditieren Sie doch erstmal einige Minuten vorab. Ohne Gedankenleere wird es sonst nicht funktionieren.

Getan? Gut! Abends, im Bett vor dem Einschlafen, gehen Sie den kommenden Traum im Kopf schon mal durch. Das ist die Macht der MILD-Methode! Nehmen Sie sich ganz fest vor, den Traum mit den von Ihnen festgelegten Ankerpunkten zu erleben. Später, während des eigentlichen Traums, haben Sie ein klasse Drehbuch ausgedacht, an welches Sie sich erinnern. Sie fokussieren sich beim Einschlafen einfach auf folgende Affirmationen, die Ihr Unterbewusstsein und Bewusstsein auf die kommende

Aufgabe vorbereiten werden. Wenn du dann aufwachst ist es sehr wahrscheinlich, dass du mit dem selbigen Gedanken aufwachst, mit dem du auch eingeschlafen bist.

1. „Das nächstes Mal, wenn ich träume, werde ich mich beim Aufwachen daran erinnern können (Traumerinnerung verbessern)!"
2. „Mir wird im Traum bewusst werden, dass ich träume (Traumbewusstsein verbessern)!"
3. „Das Folgende was ich mir nun ausdenke, werde ich träumen. Ich werde heute Nacht einen Klartraum haben, ich stelle ihn mir jetzt vor (Vorbereitung auf Klartraum)!"

Diese affirmativen Sätze sollten Sie sich auch tagsüber wiederholt vor sich hersagen.

Doch wie stellt man sich seinen eigenen Traum bildlich vor? Die Technik der Visualisierung beschreibt sehr gut, wie Sie vorgehen sollten:

Visualisierung

Manch einem mag die Visualisierung schwerfallen, d.h. die Vorstellung des zu erwartenden Traumes, deshalb widme ich dieser Technik ein kleines extra Kapitel. Genau wie alle anderen Übungen braucht man für diese vielleicht ein bisschen Zeit um den Visualisierungsmuskel des Gehirns zu trainieren. Die folgenden Tipps und Tricks der Visualisierung sollten Sie kennen und nutzen, um die Fähigkeit zu trainieren, Ihren Traum im Kopf als kleinen Kinofilm vorzustellen zu können.

Stufe 1 – Das geistige Auge

Die wohl effektivste Methode ist das Nutzen des eigenen, geistigen Auges. Schließen Sie Ihre Augen und stellen Sie sich ein Bild ihres Lieblingstieres vor. Natürlich werden Sie es nicht wirklich sehen, doch Sie kennen das Bild des Tieres und werden es somit vor Ihrem geistigen Auge sehen können. Da es sich nur um eine Vorstellung handelt können Sie sich auch etwas nicht Reales vorstellen. Mit der Zeit werden Sie lernen bewusst damit zu spielen und die Bilder zu verformen, ganz nach eigenem Belieben. Zum Beispiel ändert sich das Abbild eines Tigers in das einer Giraffe und das nur, weil Sie es möchten.

Es sei angemerkt, dass es Menschen gibt (jeder 50te) die aus bestimmten gendefekten Gründen, Schwierigkeiten damit haben werden. Die sogenannte Aphantasia beschreibt ein Leben ohne Vorstellungsvermögen. Keine Sorge: Diese Menschen träumen natürlich auch normal. Sie haben jedoch Schwierigkeiten bei der Nutzung der eigenen Fantasie, zumindest im bewussten Sinne.

Stufe 2 – Hypnagogie

In diesem Zustand ist einem bewusst, dass man in einer Art Halbtraum ist, kann aber körperlich nicht darauf reagieren. Man sieht, hört und fühlt Dinge die nicht da sind. Gleichzeitig ist man nicht gänzlich eingeschlafen. Durchaus vergleichbar ist dies mit dem Wachkoma, nur dass der Proband natürlich gesund ist und seine Umgebung noch wahrnimmt. Gleich wie der Wachkomapatient, kann er aber keine Rückmeldung geben aus der Traumwelt geben, in welcher er sich gerade befindet. Besonders

Personen, welche übermüdet sind und in letzter Zeit wenige REM-Phasen ausleben konnten, durch beispielsweise Stress, ist für die Hypnagogie anfällig. Um diese jedoch absichtlich herbeizuführen, hilft kreisendes, hypnotisierendes Licht und leuchtende, geometrische Figuren. Ebenso können gewisse Geräusche diesem Zustand auf die Sprünge helfen. Man nimmt in diesem Zustand Sinneseindrücke in der echten Welt wahr, die gar nicht da sind. Wo sonst eine weiße Wand ist, kann man nun ein Gemälde hängen sehen. Traum und Realität verschwimmen.

Visualisierung mit Hynpagogie:

Begeben Sie sich in einen abgedunkelten Raum. Machen Sie dies am besten, wenn Sie weder aufgeregt, noch absolut tiefenentspannt sind. Stellen Sie sich genau in der Mitte ihres Sichtfeldes einen Kreis vor. Die Details sind unwichtig, Hauptsache ein Kreis. Er kann gefüllt sein oder leer, wählen Sie das, was Ihnen am leichtesten fällt. Nehmen Sie sich dafür ein paar Minuten Zeit, bis Sie den Kreis deutlich erkennen können. Was soll der Kreis machen? Eigentlich ist es unwichtig: Egal ob er wandert oder stehen bleibt. Die Tatsache, dass Sie ihn sehen, obwohl in der Realität kein Kreis da ist zeigt deutlich, dass Sie die Hypnagogie bewusst einsetzen können. Nun müsste es Ihnen nicht schwer fallen die Form des Kreises in ein Viereck zu ändern. Möglicherweise können Sie nun auch einen Stern herbeizaubern. Möglicherweise sogar ein Sechseck. Alles kein Problem mehr.

Jetzt stellen Sie sich wieder das Bild Ihres Lieblingstiers vor. Fokussieren Sie sich auf die Gestalt und betrachten Sie sie in fluoreszierendem Licht mit bunten, grellen Farben, welche ständig wechseln. Fügen Sie geometrische Designs hinzu, mit Linien welche verschwimmen und sich im Rhythmus einer ausgedachten Melodie verformen.

Klingt doch relativ einfach oder? Probieren Sie es erst einmal für Ihre erste Woche als Anfänger aus und gehen Sie dann zur zweiten Methode über:

Stufe 3 – Wachinduzierte Klarträume

Für das Folgende ist ein bisschen Übung nötig. Dies ist nun der Punkt an dem Ihr Körper, auch wenn Ihr Bewusstsein aktiv bleibt, einschlafen wird. Für den Außenstehenden ohne EEG-Messgerät scheinen Sie zu schlafen.

WILD (Wake Induced Lucid Dream = Wachinduzierter Klartraum)

Der beste Zeitpunkt für einen WILD? Jederzeit, wenn Sie nachts aufwachen sollten. Früh am Morgen, wenn Sie noch im Halbschlaf sind, oder abends, wenn Sie sich ganz entspannt nach einer Meditation sind. Die WILD-Methode kommt von den tibetanischen Mönchen und basiert auf einer buddhistischen Tradition, als eine Unterart des dort praktizierten Yogas. Keine Sorge: Es ist weder ungesund noch gefährlich. WILD ist eine ganz normale, natürliche Methode um Klarträume zu erleben.

Doch was macht man bei der WILD Methode genau?

Zuerst positionieren Sie sich in Ihrer Lieblings-Schlafposition. Der Schlüssel zum Erfolg ist hier, sich voll und ganz entspannen zu können und dabei stets bewusst zu bleiben, das heißt nicht einzuschlafen. Durch das Bewusstmachen der Entspannung vor dem Einschlafen, bleibt Ihr Bewusstsein aktiv, auch wenn es sich normalerweise beim Einschlafen "ausschalten" sollte. Ihr Körper wird sich im Schlafmodus befinden, Ihr Geist jedoch nicht.

Durch das Bewusstsein mit dem Sie in Ihre Träume einsteigen werden, wird es Ihnen ermöglicht, die Kontrolle zu übernehmen. Diese Technik ist mit sehr viel Übung verbunden, denn der Grat ist sehr schmal zwischen gar nicht einschlafen und zu früh einschlafen. Es muss sozusagen bewusstes, waches Einschlafen trainiert werden. Sie sollten dabei jegliche Störgeräusche entfernen, denn nur absolute Ruhe macht vollkommene körperliche sowie mentale Entspannung möglich. Sie benötigen eine völlige Gedankenleere, die Sie, wie Sie gelernt haben, mit Meditation erschaffen können. Sie sollten sich zu 100% nur auf Ihre Übung fokussieren. Diese absolute Entspannung wird Sie in den Alpha Zustand bringen, in dem Sie sich fühlen, als würden Sie schweben. Danach heißt es weiterhin: entspannt bleiben und auf die vorher erdachte Visualisierung fokussieren.

Schon bald werden Sie merken, dass Sie in den Zustand der Hypnagogie fallen, die Vorstufe Ihrer Träume. Das deutlichste Zeichen dafür sind verschwommene Linien, die Sie vor ihren geschlossenen Augen bemerken werden. Erlauben Sie sich selbst, dieses Schatten- und Farbenspiel gewähren zu lassen und horchen Sie in sich hinein. Mit fortschreitender Hypnagogie werden Sie möglicherweise Geräusche und Sinneseindrücke wahrnehmen, die eigentlich nicht da sind. Zum Beispiel Musik in der Ferne oder Stimmen. Ebenso ist es möglich, dass Sie physische Einflüsse spüren, z.B. wie Ihre Beine gegen eine imaginäre Begrenzung drücken. Lassen Sie sich ruhig darauf ein. Normalerweise ist ihr Kopf nun im Ruhemodus. Danach beginnen Sie, die vorher durchdachte Traumszene aufzubauen. Spüren Sie wie die Kontrolle über Ihren Traum sich anfühlt? Können Sie alles mit all Ihren Sinnen greifen und verändern? Sollte Ihnen das gelingen, träumen Sie luzid! Dann ist es Zeit für den vollen Klartraumgenuss.

Falls es nicht ganz klappen sollte, machen Sie sich keinen Stress. Um ehrlich zu sein, wird es erst nach einiger Übung gelingen. Es kann also durchaus aus sein, dass man bei der einen oder anderen Sitzung wirklich einschläft und dadurch der Wach-Klartraum unterbrochen wird. Das ist vollkommen okay und gehört dazu. Das wird mit viel Übung besser. Kein Grund also zur Panik. Falls es dann eines Tages gut läuft und Sie den Zustand erreichen ohne einzuschlafen, werden Sie sich in ihrer eigenen Realität befinden. Nicht mehr im äußeren Sein, sondern im inneren Schein. Bleiben Sie wach, halten Sie ihren Fokus aufrecht und erleben bewusst jede Sekunde diese Erfahrung. Ihre Aufmerksamkeit ist wichtig, damit es funktioniert.

Vermeiden Sie dringendst Bewegungen, denn diese werfen Sie aus der völligen Entspannung heraus. Wenn Sie das Gefühl bekommen, sich unbedingt Umdrehen zu müssen, akzeptieren Sie es. Versuchen Sie sich in dieses Gefühl hineinzuversetzen. Aus welchem Bereich Ihres Körpers kommt es? Fokussieren Sie sich darauf und visualisieren Sie, wie sich das Gefühl von dem Bereich Ihres Körpers in alle anderen Körperteile verteilt und somit abschwächt. Stellen Sie sich dann vor, wie es ganz aus Ihrem Körper entweicht. Diese Technik funktioniert bei mir besonders gut. Sollte das Gefühl jedoch zu stark werden, oder können Sie sich es nicht „wegvisualisieren", dann geben Sie dem Gefühl nach. Sie werden dann einen Rückschlag der Entspannung erfahren. Sie werden also aus dem Alpha Zustand für einen Moment austreten. Keine Sorge, Entspannen Sie sich wieder, und konzentrieren Sie sich darauf, in diesen wieder einzutreten.

Es ist davon abzuraten, diese Methode vor dem Schlafen gehen ohne Meditation anzuwenden, denn zu diesem Zeitpunkt verarbeitet das Gehirn alles, was an diesem Tag passiert ist. Deswegen funktioniert WILD am besten morgens nach dem Aufstehen, wenn man schon wach, aber noch recht ruhig und entspannt ist. Die Entspannung fällt Ihnen auch einfacher, wenn Sie sie vor einem Powernap oder der als nächstes beschrieben WBTB Methode anwenden. Mit viel Übung werden Sie es schaffen, einfach vom Wachzustand zum Schlafen zum Klarträumen zu wechseln.

Die DILD Methode hingegen ist einfacher zu erlernen und als Anfänger haben Sie hiermit erhöhte Chancen auf einen luziden Traum.

DILD (Dream Induced Lucid Dream = Trauminduzierter Klartraum)

Ziel dieser Methode ist es, einen normalen, unbewussten Traum in einen richtigen Klartraum zu verwandeln. Sie werden während des Träumens realisieren, dass Sie träumen und somit die volle Kontrolle übernehmen können.

Die anzuwendende Technik besteht darin, sich es zur Gewohnheit zu machen, während des Alltags so oft wie möglich Realitätschecks durchzuführen. Diese täglichen Übungen werden dazu führen, dass Sie im Traum anfangen werden zu prüfen, ob Sie sich in der Realität oder einem Traum befinden. Wichtig dabei ist es, dass Sie auf keine externen Hinweise wie einen Wecker angewiesen sind. Das bedeutet, Sie müssen ganz von selbst darauf kommen, einen Check durchzuführen. Dadurch, dass Sie sich selbst erinnern, werden Sie auch im Traum ohne externe Hinweise daran denken.

Wichtig ist es, die Checks nicht beiläufig durchzuführen. Nehmen Sie sich ein wenig mehr Zeit dafür. Bevor Sie den eigentlichen Test machen, fragen Sie sich, wie Sie in diese Situation gekommen sind, welcher Wochentag heute ist. Welche Uhrzeit und ob Ihre Vergangenheit lückenlos erschein.? Danach führen Sie den Check durch. Im Traum werden Sie die vorher gestellten Fragen nur sehr mühevoll bis gar nicht beantworten können, was wiederum ein klares Zeichen für einen Traum ist.

Wird Ihr Bewusstsein jedoch durch bestimmte Traumzeichen geweckt, kann Sie dies ebenfalls in einem Klartraum verweisen. Wird Ihr Bewusstsein durch irgendetwas Ungewöhnliches wie sprechende Tiere geweckt, wird ein "Aha"-Moment auftreten. Dieser sorgt dafür, dass das Bewusstsein die Kontrolle übernimmt. Der Klartraum beginnt! Üben kann man dies dadurch, indem man sich immer wieder fest vornimmt in Träumen auf Hinweise im Traumzustand zu suchen. Man konditioniert sich durch Affirmationen darauf, Traumzeichen zu entdecken. Man muss dann im Traum nicht mehr extra daran denken, sondern ist es inzwischen einfach gewohnt sich ständig zu fragen: "Ist das ein Traum?"

DILD-Klarträume dauern für gewöhnlich länger an als WILD-Träume. Ebenso sind diese deutlich häufiger. Auf jeden WILD-Traum kommen rund drei DILD-Träume, statistisch gesehen. Ebenso sind WILD-Träume, laut Dr. Stephen LaBerge, viel weniger intensiv und "real" wie die DILD-Träume. Geübte Klarträumer haben öfter DILD, ohne sich darüber groß vorab Gedanken zu machen. Ihnen fällt es wie fast von selbst, einfach im Laufe des Schlafes zu. Wer also regelmäßig das Klarträumen übt, wird mit der Zeit wie von Geisterhand öfter DILD-Klarträume haben.

Sie werden somit das Klarträumen als Fähigkeit in den Fokus Ihres Bewusstseins stellen. Dann werden Sie üben, üben, üben, bis sich die Fähigkeit langsam wieder ins Unterbewusstsein absenkt und dort als neu gelernte, aktiv steuerbare Fähigkeit gespeichert wird.

WBTB (Wake-Back-To-Bed = aufwachen und wieder einschlafen)

Diese Methode ist keine um direkt luzide Träume zu bekommen. Sie wird schlicht und einfach dafür genutzt, um die Methoden MILD, WILD und DILD in ihrer Wirksamkeit zu unterstützen. Folgendermaßen wird sie angewendet:

Nach 5 bis 6 Stunden Schlafen werden Sie von Ihrem Wecker geweckt. Verschwenden Sie keine Zeit mit Schlummern und im Bett wälzen. Wenn Sie wirklich luzid Träumen wollen, müssen Sie die entsprechenden Maßnahmen treffen. Legen Sie Ihren Wecker in die Ecke des Raumes welche am weitesten von Ihnen entfernt ist, sodass Sie aufstehen müssen, wenn Sie Ihn ausmachen wollen.

Danach verbringen Sie 30 Minuten im Wachzustand. Achtung, wichtig! Verbringen Sie diese Zeit nicht im Bett! Sie sollten stattdessen aufstehen und sich ein kleines Frühstück gönnen, einen Tee machen oder am empfehlenswertesten: ein Buch über luzides Träumen lesen. Bitte kein körperliches Training durchführen! Das würde Ihren Körper voll und ganz durcheinanderbringen. In den 30 Minuten sollten Sie so viele Realitätschecks wie möglich machen. Das erhöht die Wahrscheinlichkeit, für einen Realitätscheck im Traum.

Doch wieso genau um diese Zeit?

Diese Tatsache ist mit den vorher besprochenen Schlafzyklen zu erklären. Nach etwa 5 Stunden haben wir alle Zyklen durchlaufen, welche arm an REM-Phasen sind. Wenn wir jetzt für eine halbe Stunde wach bleiben, wird unser Bewusstsein sehr hoch sein. Du kannst also klar denken. Legen wir uns dann wieder schlafen, steigen wir direkt in die längste der REM-Phasen mit einem sehr hohen Bewusstsein ein. Das macht es sehr wahrscheinlich, einen luziden Traum zu haben. Variieren Sie die Zeiten, jeder Mensch ist individuell und es kann keine universale Zeit genannt werden. Nehmen Sie sich mal eine 20, mal eine 30-minütige Pause vom Schlafen und probieren Sie mal alles aus, was sich zwischen 5 und 6 Stunden Schlaf befindet.

Ein Tipp noch: Am Anfang ist man noch nicht daran gewöhnt, seine Schlafphasen zu unterbrechen, weshalb Sie diese Methode nicht vor einem großen, sehr anstrengenden Tag durchführen sollten. Nehmen Sie sich daher mal am Wochenende Zeit dafür.

Kapitel 6 – Tipps, die Ihnen das Klarträumen erleichtern

Supplements für besseres Träumen:

Ich rate Ihnen, wenn Sie erst einmal mit dem luziden Träumen beginnen ohne jegliche Substanzen zu arbeiten. Sollten Sie jedoch ungeduldig sein und sofort bessere Resultate sehen wollen, gibt es hier ein paar Supplemente, welche ich Ihnen empfehlen kann. Diese werden Ihre Traumerinnerung, Traumintensität und Traumerlebnisse intensivieren, sowie das luzide Träumen für Sie erreichbarer in kurzer Zeit machen. Tun Sie sich selbst den Gefallen und probieren Sie immer nur ein Supplement aus und testen Sie es für ein paar Tage bzw. Wochen. Wenn Sie Resultate sehen bzw. eben nicht (was auch vorkommen kann, denn bei jedem Menschen wirkt es individuell).

Vitamin B6

Beginnen wir mit einem der bekanntesten Präparate. Dieses Vitamin ist für das Stärken des Immun- und Nervensystems bekannt. Jedoch hat es weitere Vorteile. Mit Vitamin B6 können Sie Ihre Gehirnleistung sowie Stimmung steigern und sich somit auch besser an Ihre Träume erinnern. Zudem werden Ihre Träume intensiver, Sie können sich an mehr Details erinnern und es kann leicht auch mal sehr emotional sowohl als auch bizarr werden. Ihre Träume nehmen durch das Vitamin an Bedeutung zu. Ein Abfall der Wirkung ist jedoch nach einigen Wochen zu verzeichnen, da sich der Körper an die erhöhte Vitaminzufuhr gewöhnt, weshalb ich Ihnen rate mit der Menge und den Phasen der Einnahme zu experimentieren. Ab 100mg werden Sie einen merkbaren Effekt haben, bei 200mg schon einen sehr deutlichen. Natürlich dient es zusätzlich als Nahrungsergänzung und ist gesund.

Dieses Vitamin hat bei mir deutlich lebhaftere Träume hervorgerufen, an welche ich mich bedeutet besser erinnern konnte.

5-HTP

5-Hydroxy-Tryptophan ist eine Aminosäure, welche die Vorstufe von Serotonin darstellt, ein vom Körper selbst produziertes Glückshormon. Der Körper produziert es selbst, doch müssen Sie es in erhöhter Menge über ein Nahrungsergänzungsmittel zuführen, damit es Ihre Fähigkeit, luzid zu Träumen verbessert. Es ermöglicht Ihnen eine einfachere Entspannung.

Doch wie soll das ganze funktionieren?

5-HTP sorgt dafür, dass Ihre Schlafzyklen verändert werden. In den ersten Phasen der Nacht werden Sie einen sehr tiefen Schlaf erleben, mit weniger REM-Phasen. Dies führt dazu, dass der Tiefschlaf in den späteren Phasen nicht mehr benötigt wird und somit eine Verlängerung des REM-Schlafes in der letzteren Hälfte des Schlafes hervorruft (auch REM-Rebound genannt). Sie werden lebhafte Träume bekommen, die ganz schön aufregend werden können. Jedoch wird es durch bizarre Träume einfacher zu erkennen, dass Sie gerade träumen. Das was wiederum erhöht die Wahrscheinlichkeit eines luziden Traums ungemein. Aufgrund der langen REM-Phase geschieht viel mehr im Traum bevor Sie aufwachen, was es die Traumerinnerung sehr leicht macht. Die Aminosäure macht Sie zusätzlich entspannter, was dazu führt, dass Sie auch im Traum entspannter damit umgehen werden luzid zu werden.

Ich empfehle Ihnen, diese vor dem ins Bett gehen einzunehmen. Beginnen Sie mit 100mg und arbeiten Sie sich hoch, sollten Sie keine Wirkung verspüren. Falls es noch nicht gleich in der ersten Nacht bei Ihnen funktioniert, nehmen Sie nicht gleich die doppelte Dosierung. Testen Sie sich langsam ran. Mit dem folgenden Supplement habe ich bis jetzt sehr gute Erfahrungen gemacht und kann es gern weiterempfehlen.

DMAE

DMAE, kurz für Dimethylaminoethanol erhöht ebenso die Wahrscheinlichkeit, luzide Träume zu bekommen. Normalerweise kommt dieser Stoff in kleinen Mengen in Fischen wie Lachs und Sardinen vor. DMAE sorgt dafür, lebhaftere Träume zu erleben. Erhältlich ist es als Zusatz in vielen Vitaminpräparten, auch wenn es selbst gar keines ist. Im Körper wird es umgewandelt in einen Stoff welcher sich Acetylcholin nennt und bekannt dafür ist, das Gedächtnis sowie die Kontrolle Ihrer Muskeln zu verbessern. Zusätzlich steigert es den Fokus, Ihre Willenskraft und Ihre Stimmung. Es stabilisiert den Schlaf-Wach Rhythmus, womit es die Erholung unterstützt und die Zellregeneration verbessert.

Ihre Träume werden um einiges lebhafter, was es wiederum einfacher macht, Ihren Traum in einen luziden Traum zu verwandeln. Ich empfand, dass meine Erinnerung an meine Träume besonders verbessert waren. Ich empfehle Ihnen die Pillen vor dem ins Bett gehen einzunehmen.

Sie können natürlich nach Ihren eigenen Favoriten suchen. Ich fand diese jedoch sehr hilfreich, um mit ein klein wenig externem Einfluss besser luzid zu träumen. Ich habe angefangen diese nach etwa einem Monat auszuprobieren. Ich habe etwas experimentiert, welches mir am besten gefiel und diese dann nur noch ab und zu benutzt. Von externen Einflüssen wollte ich nicht abhängig sein. Dennoch wollte ich zu Beginn einfach wissen, wie es ist, einen langen, lebhaften luziden Traum aufrecht zu erhalten.

Wie vermeide ich, dass ich bei einem Klartraum aufwache?

Gerade Neulingen im Bereich der luziden Träume passiert es häufig, dass Sie direkt kurz nach Beginn eines luziden Traumes aufwachen. Das liegt daran, dass das Bewusst werden automatisch vom Gehirn mit "wach sein" verknüpft wird. Glücklicherweise gibt es Möglichkeiten, um dieses Phänomen zu korrigieren.

Am Allerwichtigstes ist es, dass man akzeptiert, noch ganz am Anfang zu stehen. Es ist okay, anfangs Probleme, oder wie ich es gerne nenne, Herausforderungen zu bewältigen bzw. sich ihnen zu stellen. Es ist noch kein Meister vom Himmel gefallen. Anfangs wird man einfach des Öfteren aufwachen. Doch was hindert Sie daran, wieder einzuschlafen? Schnell ist man wieder im nächsten luziden Traum, wenn man noch nicht ganz wach geworden ist. Während eines Klartraums nicht gleich wieder aufzuwachen ist hauptsächlich Übungssache.

Man sollte einfach Ruhe bewahren und sich davon nicht verrückt machen lassen. Freuen Sie sich erstmal darüber, dass Sie überhaupt Wachträume haben. Sobald der Leistungsdruck wegfällt und Sie mehrmals, in verschiedenen Nächten, Wachträume gehabt haben, werden Sie mit etwas Übung nicht mehr automatisch aufwachen. Ihr Gehirn wird sich daran gewöhnen, dass Sie Ihre Träume kontrollieren möchten.

Sie müssen sich also entspannen und nicht selbst unter Druck setzen, sodass die Klartraummagie richtig wirken kann. Das heißt: Wenn man doch einmal aufwacht, einfach lächeln und sich darüber freuen, dass man sich des Klartraumes bewusst war. Augen wieder zu und weiterschlafen – keinen Druck machen. Dann kommt das Durchschlafen bei Klarträumen mit der Zeit von selbst.

Die Verlängerung eines Klartraums und das Falsche Erwachen

Für Fortgeschrittene hat LaBerge eine Methode entwickelt, um einen luziden Traum zu verlängern. Er hat herausgefunden, dass nicht Entspannung der Schlüssel ist, sondern Bewegung. Das Drehen um die eigene Achse ("Spinning") und das zu Boden fallen beschreibt er dabei als die effektivsten Methoden. Beginnt also Ihr Traum zu verblassen, bewegen Sie sich augenblicklich.

Die Technik des Spinnings:

Merken Sie, dass Ihr Traum zu verblassen beginnt anhand Ihrer visuellen Wahrnehmung können Sie davon ausgehen, dass Sie gleich erwachen werden, wenn Sie nichts unternehmen. Die Farben werden beginnen zu verblassen und die wahrgenommenen Objekte werden unreale Formen annehmen. Zunehmend wird Ihre Sehkraft schwächer. Strecken Sie nun Ihre Arme aus und drehen Sie sich um Ihre eigene Achse. Das Gehirn muss vermittelt bekommen, dass Sie sich bewegen. Natürlich werden Sie sich nicht im Bett umherdrehen, jedoch kennt Ihr Gehirn die Bewegung. Drehen Sie sich eine ganze Weile und reden Sie sich selbst ein, dass Sie in einem anderen Traum sind, sobald Sie aufhören sich zu drehen. Drehen Sie sich so lange, bis Sie eine stabile Welt wahrnehmen können. Danach gibt es zwei Möglichkeiten. Sie sind entweder aufgewacht oder befinden sich in einer neuen Traumwelt. Wie sie herausfinden in welcher Welt Sie gelandet sind? Schauen Sie hier noch einmal noch: Realitätschecks! Sollten Sie jedoch das Gefühl haben, mit der Hand oder dem Arm an Ihr Bett gestoßen zu sein während Sie sich drehten, wird Ihre logische Schlussfolgerung sein, dass Sie nun an Ihr reales Bett gestoßen sind. Wenn Sie jedoch in Ihrem Traum bleiben möchten, sollten Sie sich selbst einreden, dass Sie gerade mit ihrer Traumhand/-arm an Ihr Traumbett gestoßen sind, im Traumzimmer Ihrer Traumwelt. Dieses Phänomen beschreibt man als **falsches Erwachen**. Prüfen Sie Ihre Realität erneut. Befinden Sie sich wieder in einem Traum? Dann können Sie jetzt weiterhin Ihre eigene Welt kreieren, viel Spaß!

Zusammenfassung

In diesem Buch haben wir die grundlegende Bedeutung und Definition vom luziden Träumen verstehen gelernt. Wir wissen, wie diese unsere menschliche Gesundheit und unseren Geisteszustand beeinflussen können. Wir lernten durch die Lektüre, dass Klarträume ein natürliches Phänomen sind.

In den ersten Kapiteln beschäftigten wir uns damit, was Klarträume sind und wo die Vorteile darin liegen, diese zu beherrschen. In den späteren Kapiteln setzten wir uns damit auseinander, wie man grundlegende luzide Träume herbeiführen und steuern kann. Des Weiteren betrachteten wir, wie wir diese für unsere Ziele und Zwecke nutzen können.

Nach der Lektüre dieses Buches sollte der Leser in der Lage sein, zwischen normalen und luziden Träumen zu unterscheiden. Wir wissen dann, wie das Träumen unser Leben und unsere körperliche sowie geistige Gesundheit beeinflusst.

Hat man das ganze Buch durchgearbeitet, dann werden Sie in der Lage sein, absichtlich luzide Träume herbeizuführen und zu steuern. So kann man diese als Instrument nutzen, um das eigene tägliche Leben im positiven Sinne zu beeinflussen.

Träume sind keine Ausgeburt der Hölle, sondern gehören zu unserer normalen, menschlichen Existenz dazu. Jeder von uns hat Träume und quasi jeder möchte seine bewussten Träume auch umsetzen. Die eigenen Ziele und Träume zu erreichen ist wohl das größte Geschenk im Leben. Dank luzidem Träumen, werden auch Sie in der Lage sein Ihre Träume Schritt für Schritt zu verwirklichen – indem Sie diese zum Beispiel einfach im Traum schon einmal durchgehen! Ihre Träume gehören ab sofort Ihnen und Sie können diese bewusst kontrollieren.

Somit also keine Angst vor der Träumerei: Stellen Sie sich ihren Ängsten im Traum, besiegen Sie diese und genießen das Leben in vollen Zügen! Nichtsdestotrotz verlangt die Fähigkeit des Klarträumens einiges an Übung, Geduld und Mühe. Sie werden Erfahrung sammeln und diese wissen anzuwenden. Nach Lesen der Lektüre werden Sie wahrscheinlich nicht sofort im Stande sein, jede Nacht perfekte Klarträume zu erhalten. Mit der Zeit, genügend Training und Wille werden Sie es jedoch schließlich schaffen Ihre persönlichen Träume ausleben zu können.

Wenn Ihnen dieses Buch gefallen hat, würde ich mich über eine Rezension bei Amazon sehr freuen!

Vielen Dank für den Kauf dieses Buches! Ich wünsche Ihnen viel Erfolg und Glück beim Meistern Ihrer Träume wünscht Ihnen: Damian Heller.

Impressum

Damian Heller wurde vertreten durch:

Florian Hofmann
Raupenberg 3
01665 Diera-Zehren
florasch@web.de

1. Auflage 2016
Copyright © 2016 Florian Hofmann All rights reserved.

www.ingramcontent.com/pod-product-compliance
Lightning Source LLC
Chambersburg PA
CBHW060224290526
45789CB00003B/1403